文芸社セレクション

南洋マジュロ島に住んで

松野　文子

MATSUNO Fumiko

文芸社

目次

南洋マジュロ島に住んで

南洋、マジュロ島に住んで

テレビの『思い出のメロディー』という番組で、大津美子さんの『ここに幸あり』がよく歌われていました。私自身この歌が好きで、大きな声を張り上げてよく一人で歌っていますが、それとは別にこの歌を聞くと、ある感慨が込み上げてくるのです。

昭和四十六年、私が三十二歳の頃のことです。太平洋中西部ミクロネシア東部に位置するマーシャル諸島の首都、マジュロ島で島民たちが何故かこの歌をよく歌っていたのです。それを知った時、「どうして?」という驚きと同時にとても嬉しかったことを覚えています。

私はその頃、家族とマジュロに住んでいました。というのは、現地の会社で経理のできる人がほしいという事でしたので、知人の紹介があって二年という契約で家族で行く事になったのです。

経理といっても本来の経理実務ではなく、マジュロはすべてを輸入に頼っていたので、それら全商品の売価を算出する為の計算が要求されたわけです。だから膨大な書類より手数料を計算して、その内訳をノルマン（社長の長女の夫）に報告するのが私の仕事でした。

マジュロというのは、当時アメリカの信託統治領で、周りをエメラルドグリーンに輝く美しい海に囲まれ、珊瑚礁からできた小さな島でした。当時の人口が一万三千人位です。

その頃、そこは全くの未開地で電気もなくランプ生活、おまけに水道、ガス等といったものもなく、日本から行った私達は大変不自由な生活になり、その歌を聞くたびそこでの色々な事が思い出されて懐しく、涙を禁じえなくなってしまうのです。

そこで私の夫はマネージャーとして、倉庫に煩雑に入れられてあった多種多様の商品の整理整頓しておりました。

当時二歳過ぎの娘は現地のベビーシッターに預けておりました。だから彼女はマーシャル語が堪能になって、現地の人と私との通訳として役立つ事もありました。

私達は、島の人達が通称「スモールアイランド」と呼ぶ社長所有の場所に住んでおりました。そこには豚と鶏が放し飼いされていて、緑ゆたかな場所でした。

水に関しては、私達にはコンクリートで立派な水槽を作ってくれましたが、島の人達は掘っ建て小屋に住み、その前に置かれたドラム缶の中に貯めた雨水が、最も貴重な飲み水でした。なお会社は私達の為にカナダから冷蔵庫を購入してくれたのですが、それはケロシン灯油を使うものでした。

そしてある日その冷蔵庫が故障したので、夫が点検している最中、中に入っていたケロシン灯油が爆発し、夫は、その火を全身に浴び火だるまになったのです。その時、私自身はもう目の前が真っ暗になり、ただ夫の無事を神に祈ることしか出来ませんでした。でも幸い、即、ハワイの陸軍病院に送られた夫は一命を取り留める事ができたのです。そして私も子供と一緒にハワイで病院のゲストハウスに滞在しながら夫を見守り続けました。その時私は身重だったのですが、まだ契約期間を残していましたし、夫の容体が一応落ちついたのを見て、又マジュロに戻り仕事を続けました。

そして、かつて日本が統治した時もあり、年配の人は日本語を話す人がたくさんいて、私達日本人には特別な感情を寄せてくれましたし、私の人生にとっても密接なつながりを持つことになったのです。

公用語は英語でしたが、島民はマーシャル語を使っていて、そんな中、私は自分の気持ちをうまく表現できなくて口惜しい思いをした事もありました。そうした異文化の中でも、人の気持ちというのは、お互い何とか通じ合えるものだという事を知り得ました。

そしてそれらを思い出す度、出会った多くの経験、現地の人との友情、すべての事が、私の人生の心の一隅に、宝石のような輝きを放っているのを感じられるのです。

右の方に見える家が、現地の人が住んでいた家
（これは庶民でも良いほうの家です）

私達が住んでいたスモールアイランド

地球温暖化について

二〇一〇年、マジュロ島視察旅行に参加して再訪が叶いました。二十五年前、現地の会社との二年間の契約を終え、思いがけない事故で負傷をして一命をとりとめた夫、四歳になった長女、それに現地で生まれて六ヶ月になったばかりの長男の四人でこの地を去ったその日の事が、サーっと私の頭の中をよぎったのは、マジュロの空港に着いた時です。

複雑な思いの中にいた私を現実に戻してくれたのは、珊瑚礁を取り巻くまわりの美しい海が、以前と同じ美しさをたたえているのを見たからです。

でも当時は、未開地そのものだった島全体の生活様式が、目をみはるばかりに近代化され、大きく変化しているのを見てほんとに驚きました。

そしてそのマジュロが今、地球温暖化の影響をもろに受けていたり、近代化と引き換えに色々と深刻な問題を抱えこんでいるなんて、今回の旅行に参加するまで、まったく知りませんでした。

しかし私が見る限り、多くの島民の間にそのような問題意識や危機感などまるで感じられないのです。確かに表面上は大きく変わったかに見えましたが、根底には何も変わらない、昔からの生活が静かに流れているように思いました。ただ一部の識者の間でのみ事が重大視されている感じがしたのです。ほんとはもっと島民全体の間で、問題解決に向け意識が高まらなければいけないと思うのです。でもそういう事を、今ここの人達に求めるのは無理なような気がしました。

学校教育では新しく作られるテキストに、環境教育などの事を折り込んでいるとの事、若い世代からだんだんとそういう気持ちが高まっていくのを待たなければならないのでしょう。

問題があまりにも大きすぎて、個人の力では何をどのようにすべきかも分からないけれど、私達にできるのは、現状を世界にできるだけ広く訴えていく事ではないかと思います。

核実験に思うこと

このような小さくて無力な国を大国が利用して核実験するなど、全く人間的な行為ではないと思うし、以後絶対あってはならないと思います。そして島民自体がもっと目覚めて、自分達の国を守る為に何らかの働きを開始してほしいと心より願っております。

そして私が逢いたかった何人かの人達は、行方が分からなかったり又亡くなられていましたが、とてもお世話になり、最も逢いたかった人とは抱き合って二十五年振りの再会をよろこび合うことができました。長年の私の希望がかなえられ、こんなに嬉しいことはありませんでした。

そんな私にとって、忘れ得ぬ大切な人達のたくさん住んでいるこの小さくて無力な国を、大国が利用してかつてのような核実験など二度と行われる事がないようにと、そして平和な生活が続きますようにと、同じ地球に住む者として、心から願いつつ、この島を後にしたのです。

マジュロへ行く事になったいきさつ

昔、日本による統治時代に、原住民の子供達に勉強や野球を教えていた日本人、もう随分のお年の人ですが、その人が昔のマジュロの教え子に招待されて、遊びに行って帰って来た時に、経理のできる人をマジュロに寄越してほしいという事を託されて、私達夫婦に白羽の矢?が立ったのです。そのおじいさんは牧師さんだったのですが、その人の息子さんも牧師をしていて、私達はその息子さんの教会に行っていたので話が早くまとまったわけです。それで私達が住んでいた家が空いたので、そこへマジュロから帰国したおじいちゃん牧師と花嫁（昔、お互い好き同士だった人がその時再婚されたのです）が住まわれたのです。だからお互い都合のいい事になったわけです。

私達の勤め先

私達が就職した会社の名前は、Ajelic《アジェリック》 Wholesale《ホールセール》 Co．といって外国から色々な食品、雑貨等を仕入れて島民に売っておりました。

社長は六十代後半で早く奥様を亡くされていて温厚な方でした。その人がある時台湾の方と結婚されたのです。というより女性をお金で買ったのです。当時、裕福な人の間では当たり前に行われていた事のようです。

とある日の夕方、色の白い美しいその台湾女性が、こわばった顔をして家から飛び出してきて、その後から社長が決まり悪そうな顔をして出て来られたのです。

その後、どうなったのか分かりませんが、多分台湾女性は自分の国へ帰ったのでしょう。社長の子供達はこの結婚のことを良くは思っていなかったようでした。

ドルのこと

私達がマジュロへ行った一九七一年頃、一ドルは三百六十円位でしたが、それがゆっくりと三百円になっていきました。

第五福竜丸の久保山愛吉さんの事

一九五四年（昭和二十九年三月一日）、アメリカが水素爆弾の爆発実験を、マーシャル諸島のビキニ環礁で極秘裡に行いました。その時約百六十キロメートル離れた公海上のマグロ漁船、第五福竜丸にいた二十三人の乗組員の一人、久保山愛吉さんが放射能症による肝臓障害で死亡してしまったのです。当時新聞紙上を賑わせた事件でしたし、この事はきっと覚えておられる人が多いと思います。私も後で知った事ですが……。

昔よく歌われていたマジュロの歌

「私のラバさん　酋長の娘　色は黒いが南洋じゃ美人……」

実在の酋長の家族をモデルとして日本で歌われたものですが、実際ジョブアカブアさんという、日本語の達者な酋長がおられて、私共のストアにもよく買物に来られて、お逢いした時にはよく昔の事をお話ししたものです。私は日本語のできる人とは日本語、またはブロークンイングリッシュに簡単なマーシャル語を交えて話していました。

現地で生まれた息子のこと

私は息子を現地で出産したのですが、病院は一日で退院しシャワーもその日にＯＫで、日本のそれとは大いに違いました。でも私にとって出産は二度目でしたので、マジュロ式があったようですが、それには従わず自分なりに処理できたことはよかったと思っています。でも母乳が出なくて困りました。

マジュロで雨のよく降るシーズンだったらいいのですが、乾燥シーズンになると井戸のようなものを掘って水を汲み上げていましたが、所詮島の下は海ですからしょっぱい水でした。そういう水でミルクを溶いても、子供は下痢ばかりして体重が増えずほんとに辛い思いをしました。

その頃大変お世話になった人がいたのです。当時マジュロ空港の整備をしていたアメリカの会社の社長夫人で沖縄出身の日本人。日本人同士という事もあって仲良くしていたのですが、もしお元気だったら、お会いしたい！

住民のほとんどがクリスチャン

現在の事は分かりませんが、当時島には大きな教会が一つあって、90%の人がいわゆる正統派のキリスト教徒でした。そして普段の履き物はゴム草履か裸足の多かった人達が、日曜日の教会に行く日はおしゃれをして、スーツを着こみピカピカの靴をはいていました。そのあまりの変わりように驚かされました。そして賛美歌らしきものを歌っていました。勿論私には全然分からない言語で。でも荘厳なる雰囲気に私も黙って聞きほれていました。

日本の教会での賛美歌といえば、いくら多人数で歌っていても線が細い感じがするのですが、マジュロでの賛美歌は、まるで魂をぶつけるような力強さがありました。

マジュロの教会

メカニック

車の修理や整備をする人を「メカニック」と呼び日本人の男性が私達より先にマジュロに行っていました。彼は若くてとにかく人気があり、彼の子供もマジュロにできたようでした。だけど日本のように「責任取ってよー」というような騒ぎはなく、却って日本人の子供だということを誇りにしていたようです。

あいの子

昔、日本人の統治時代にもいわゆる「あいの子」と呼ばれる人がいたようで、私達の住む家を建ててくれたのは、その「あいの子」のまことさんと呼ばれている人でした。彼はその顔立ちも日本人と同じで日本語も上手でした。私達の家は、木の枠をうまく組み合わせて風が通るように作られていて、とても住み心地が良く、まわりの人達の住んでいる家と比べて、ほんとに出来すぎる位に良い家でした。

美しい海岸

マジュロにはいくつもの美しい海岸がありましたが、特に「ローラ」という美しい海岸にお弁当を持って、会社の人それも子供のいる女性とその子供達を連れてピクニックをしたものです。会社の人がにわとりの丸焼きしたものや、やしの実でドリンクやお菓子を作り、それにパンの実というのがあって人の頭ぐらいの大きさで、それを焼いて輪切りにしたものがパンによく似た味がしました。それらをかごに詰め込んで皆で食べたものです。その海岸はとても美しい砂浜で、ちょっと水の中に入った所に可愛い熱帯魚がたくさん泳いでいました。

ローラの海岸近くでピクニックをした時

輪切りにしたパンの実

貝殻ひろいを楽しむ

散策をかねて貝殻ひろい

夕方の海岸で
椰子の葉を通して見る夕日は、格別の趣がありました

マーシャル語

マーシャル語は比較的簡単な言語のようです。私も幾つか手帳に書き取ってはいましたが、なかなか使いきれませんでした。マーシャル語の「ヤコエ」というのは、挨拶語でしたがどんな場面にでも通じる非常に便利な言葉です。私がよく使ったのは、「ホモロンケイ　レトク―Ｔｗｏ　ｄｏｚｓ　ｅｇｇ（すみませんが、卵を二ダース下さい）」でした。

卵を買っていた時のことが思い出されます。

伝染病で亡くなった子のこと

日本に住んでいると、水の苦労はほとんどありませんが、現地の人達は、ドラム缶に貯めた水を沸かして紅茶を作り、そこへ白砂糖を一杯入れて飲んでいました。でも当時のそういう水を飲用としていたせいか、伝染病になって命を落とす事もあったようで、ある時、私達が撮った子供達の写真の中に、その伝染病で亡くなった子供が写っていたようで、その写真をほしいとせがまれた事がありました。写真自体、マジュロの人にとっては珍しいものでしたし、しかも我が子が写っているとなれば勿論だと思いました。

マジュロとは？

マーシャル諸島共和国の首都。
そして二〇一一年の調べでは、人口二万八千人位との事。

社長について

社名となっている我等の社長、アジェリック氏はマジュロの人にしては、色の白い本当に物静かな人で、何か問題が起きてその事を話すと、「困ったなあー」と言うのが口癖のようで、頭を掻くのが印象的でした。

そして乗っている車は、オーストラリア製の車種は分からないけれど、もえぎ色のほんとに美しい色をした車でした。だからその車が走っているととても目立ちました。でもその車には、社長より一番下の娘、エバンジェリンが乗っているのをよく見かけました。

マジュロのお風呂事情

水のない所でしたので、お風呂は「ツーズー」といってポリバケツに水を少し入れ、それで洗うといった感じでした。私達も入浴、シャワーという意味でツーズーと普通に使っておりました。私の娘もベビーシッターさんの家の前でよくツーズーしてもらう為に、その白いポッチャリした美しい裸体?を、島民注視の中でさらしておりました。

そういうわけで、日本にいる時のようにあふれる湯船の中につかりたいと夢見る程でした。

会社の話

私達の会社（ストアー）の中には、ほんとに色々な物を売っていて、食品は冷凍庫に多くの種類の肉類、缶詰め、ビン詰めの類、袋詰め類各種、それに加えて日用品、生活用品等倉庫中には色んな物が雑多に入っていて、それらの整理、整頓、識別に夫が孤軍奮闘しておりました。

そしてお客は大抵、掛売りでしたので、ファミリー名の書かれたアカウントブックに書いて、後程支払いというシステムでした。掛売り客の中でも特に上得意とされたのは、公務員で決まった給料日があったからです。

会社の近くに住む青年の話

会社の近くに住む青年はグアムに留学経験あったようで、いつもスポーツシャツを着ていて折目正しい人でした。ロスリン（私の会社の社長の長女）の希望で請求書をタイプで作っていました。

ロスリンは私と同年代で、社長の長女としての威厳があり又包容力に富んだ人でした。

ロスリンの妹について

タイプライターといえば、ロスリンの妹、ハワイ留学経験者でしたが、事務所でよくタイプを使っていましたが、友達への手紙でしょうか？　彼女はとても聡明に見えました。その上美しい人で、立派な体格に合った落ちついた色調のムームーを着こなしていました。でも会社の仕事は何も手伝っていなくて、その点では長男も同じでしたが、彼は細くきりっとひきしまって銅褐色の美しい肌の持主でした。

ここでまたかわる（話）

ロスリンの弟の伴侶はマジュロ以外の、近くの島出身という事できれいな人でした。そして彼等の子供の名前はロザリーネでしたが、愛称「ネリクタ」と呼ばれキューピーの様に可愛い子で、さおりのよい遊び友達でした。

我が娘、さおりを連れて歩いていても、「さおり！」「さおり！」と黄色い声がよくとんだものです。やはり外国人の小さな娘という事で、珍しかった事もあるのでしょうか？

空港工事現場での出来事

当時、空港工事中でしたので、工事の為の大きな機械を乗せ、砂ぼこりをあげながら、フィリピンのドライバーの運転する大きなトラックに出くわす事がよくありましたが、いつからかそのドライバーさんと何故か挨拶するようになっていました。だから出会う事がとても楽しみになっていました。彼も満面に笑みを浮かべて答えてくれていました。

隣接するレストランの話

私の会社のレストランの料理長もフィリピン人で細い人でしたが、知っている日本語で語りかけてくれる人なつっこい人でした。そしてレストランと私の働く事務所とは隣接していましたので、その境目の窓を開けては、ロスリンと色々連絡を取る為でしょうか？　よく話しておりました。

レストランのメニューといってもそんなにたくさんあるわけでなく、コーヒーにトースト、もっとしっかり食べたい人には、チキンや豚肉を料理したものに缶詰の野菜を添えて、そこにライスを一緒にお皿に乗せスープをプラスしたものなどがありました。

仕事の勤務形態について

私達の勤務時間は、朝八時半から十二時、そして一旦家に帰って昼食を食べてから再び出掛けて仕事をするという生活でした。男性の従業員はどんな仕事をしていたのか、私にはよく分かりませんが、服装はいつもと同じ普段着、アロハシャツにズボン、そして終業は午後四時半頃でした。私の場合、土曜日は休みでしたが、他の人は土曜日も普段通りでした。

お祭りについて

一年に一回、一番賑やかだったのは、ＵＮデーというお祭りでした。多分これはアメリカ独立記念日ではなかったでしょうか？　空港にすごいたくさんの人が集まり、小さな山車がたくさん出て、その上に若い女性が乗ったのを担いだりしていましたが、近くの島からも大勢来ていたようで、とにかく賑やかで楽しく騒ぐお祭りでした。

パンについて

島の中心部にパンを作っている所があって、そこの作りたてはとても美味しかったです。

黄昏る（物思いにふける）

潮の引いた海（砂地）の上に立って、そこの潮のささやきを聞いたことがありますが、ここは世界に通じているんだという思いがあって、本当に神秘的で吸いこまれてしまいそうな、自分というものがどうにかなってしまいそうな、そんな気がしました。

この海の向こうには、同じ人間でありながら、皮膚の色、使う言語、風習や考え、食、嗜好等すべてにおいて違う人種が存在する事すら不思議な気がするのです。

娯楽について

マジュロには、特別な楽しみがなかったようなので、必然的にパーティーのようなものがあっちこっちで行われたのだと思います。私達もよくそのパーティーに招待されましたが、結局食べる楽しみだったんですね。そこで提供された、椰子で作られたスイーツは絶品だったと思います。

社長の長女夫妻について

私の勤めていた会社は喫茶店もしていて、社長の長女であるロスリンは、太目《ふとめ》の身体にムームー（民族衣装。ウエストを絞らない筒形の長いワンピース状の衣服）をまとい素足で私と一緒に事務所で仕事をしておりましたが、その喫茶店はロスリンの采配下にあって、いわゆるモーニングサービスのようなものを私もよく一緒に頂いたものです。

私は計算する時、たし算だったらそろばんの方が早いので、そろばんを使っておりましたが、それをとても珍しがられました。ロスリンに使い方を教えて、そろばんをプレゼントしてきました。今もそれを使ってくれていたら嬉しいのですが……。

そのロスリンの夫がノルマンと言って、頑強な体つきをされていて、店と倉庫や全体の管理者で、事実上の社長のような方で皆から一目おかれていました。私がここを再訪した時、頂いた名刺の肩書きが、マーシャルアイランドの上院議員となっておりました。そういう役職につくべき方だと私は思っておりました。とても理知的ですばらしい方でしたから。

現地のお店について

マジュロには幾つかお店がありましたが、何といっても一番大きなお店は「ロバート」でアメリカ人がマネージメントしていました。私がそこへ買物に行った時、マネージャーが名刺を渡してくれながら、ハワイでもお店を持っているんだと話していました。そして二番目は、何といっても我等のアジェリックストアでした。

住居について

話はもどって、私達が住んでいた家の事です。いつも過ごしていた部屋と廊下でつながった浴室、台所しか私は行き来しなかったのですが、実は真ん中に部屋がありいつも暗かったので私は気がつかなかったのですが、夫が怪我をしてハワイにいる間、その薄暗い部屋に夜のみノルマン、ロスリン夫妻が寝泊まりしておりました。今思えば私達を守る為だったのでしょうか？　マジュロでは入口に鍵をする風習がありませんでしたので。

乗りものについて

スモールアイランドに住んでいた会社の従業員は、皆一緒にトラックの荷台に乗って千五百メートル程離れた会社へ通勤しておりましたが、夫が怪我をしてからは私もトラックの荷台に乗せてもらう事がありました。普段、事務所の中にばかりこもっていた私にとって他の従業員と冗談を言い合う、そんな一時はとても新鮮でした。でも自転車を見つけてからは、それを借りて好きな時にあちこち走りまわる事にしたのです。後で気がついたのですが、そういう時はノルマンが私の自転車の後から車を走らせていたのです。いつも見守られている事を有難く思いましたが、自分勝手な行動を恥じました。

気象について

マーシャル諸島は台風が来ない所だといわれていたのですが、ある時、大きな台風が来るからといって、私はマジュロで一番頑丈な建物を持っていた「キッコ」という会社の建物に入れてもらって、ぎゅうぎゅうぎゅうづめで避難した事がありました。結局台風は来なかったのですが、とても面白い体験ではありました。

グラス夫妻との出来事

スモールアイランドでは、少し年配のグラス夫妻が私達によくしてくれました。二人はよく喧嘩をしておりましたが、実際はとても仲が良くて何をするにも一緒でした。そして奥様は、「チャオリ、マガエ（さおり、食べなさい）」といって、何か珍しい物があれば娘のさおりに食べさせてくれたものです。また御夫妻は日本語が堪能でしたから、私の良きアドバイザーでもありました。私の色んな質問に対して、自分達の経験をふまえて詳しく教えてくれました。そしてそれは私達日本人に対する温かい気持ちが感じられ、彼等と話していると快い思いをしたのを覚えています。

グラス夫妻と娘のさおり

持ち家事情

マジュロには、「南洋貿易」という会社が家を持っていて、大抵新婚さんが代わる代わる住んでおりました。その他、神洋交易、光洋貿易といった会社の人が何ヶ月かに一度訪れて来ていました。

そして「原水爆禁止日本国民会議事務局」といった肩書きを持つ人が来た事もありました。そういう時は、同じ日本人同士という事で話し合いの場を持ったと思います。

郵送事情について

ソーメンが食べたいという私の希望で、親戚から船便で送られてきた事がありましたが、三ヶ月以上もかかってこちらに着いた時には、湿気でかびがはえ、だんご状にひっついてしまっていて、とても残念な思いをしたのをおぼえています。

私は思い出すままに書いていますので、話は前後したり飛び飛びになってしまっている事をどうぞお許し下さい。

夫の入院事情について

夫が入院していたのは、ハワイの陸軍・海軍病院で、医師も軍服を着ていたと私はメモに書いているのですが、そこのゲストハウスより夫を見舞うという生活でした。夜ともなれば、毎晩のように音量を一杯にした曲が響き渡っていました。近くの家からです。ハワイは、マジュロと違ってすべて文化的でしたが、やはり危険な事がありました。

ある夕方、部屋でくつろいでいると「ピンポーン」と来客を知らせる音がしたので、玄関に行ってみましたら、二十代のアメリカ人の男が、真赤な目をぎらぎらさせて、チェーンを外せとばかりにドアをがちゃがちゃさせて、押し入ろうとするのです。私は怖くて力一杯ドアを閉めました。でもその後、ドキドキして震えがなかなか止まりませんでした。

ハワイでお世話になった牧師の話

私達がハワイにいる間、日本でお世話になった牧師が、ハワイでやはり牧師をしておられたそのお友達の家族を紹介して下さり、その牧師のお家へ招待されたり、又スーパーやその他あちこち車に乗せて貰って、ハワイでの生活を存分に楽しみました。

その牧師の教会は、日系人の教会でしたので、そこの人達も皆さん私達にはよくしてくれました。私はこんなにお世話になっていいものかしら、とつくづく思ったものです。

そして、夫の治療費、私達の滞在費等のすべては、会社が支払いをしてくれたようなのです。そういう事も知らずにいた私は、本当に浅はかだったと思います。

ハワイの牧師の伊藤先生とノルマンさん、そしてハワイの日本領事館の間で英文の書簡が交わされていたようでした。今回の事故の事や、これからの事など、そういう事に対して私は十分なお礼も言えてなくて……。本当にどうすれば良いのか分からなかったのです。ただ皆さんのお気持ちを受け入れるだけしかすべがなかったのです。

簡単！　マーシャル語講座

マーシャル語を少し挙げてみます。

エモトロック↓行ってしまった
エローイ↓帰った
エレンケ　エイック↓魚がたくさんありますか
ウッド↓雨
メシキィ↓ねむい
ホメシキィケ↓ねむいですか
ユメシキィ↓私はねむいです

ルックンブリ↓本当に暑い
シットゥジエット↓座りなさい
エッサマガー↓私じゃない
テマッタン↓半分
エヂャーヂ↓私は知らない
イカンナン↓私はそれが好きです
ユーカンナンケ↓あなたは好きですか
エトケ↓なぜ？
アンヤ　マー↓私はちがいます
エチョーリン↓あぶない
ヂョイ↓どうぞ
チエンクール↓帰りましょう
アンム↓右

アンミ↓左
アンベベ↓お好きなように
コシッタ↓あなたは何をしているの？
レン↓水
イナシャレ↓知っている
ソロップリ↓ちょっとすみません
ブルンムッチ↓すみません
イムムッチ↓本当にすみません
エベリヤ↓どこにいる
エウイ↓どこ
サカチッチ↓あさって
インテ↓きのう
テイエン↓今日

イリジュ↓あした
エポイ↓満足している
エタン↓これ何ですか？　名前は？
ヤコエ↓こんにちは
アタラガヤ↓どこへ行くの？
コンモールタータ↓ありがとう
マガエ↓食べる
エナナ↓だめです

「いそだ先生」について

当時、マジュロの病院に「いそだ先生」という中年の男性で、日本語の達者な方がおられました。専門は分かりませんが、私が病院へ行ってお逢いした時には、いつもやさしく声をかけて下さいました。この方も、私達の家を建ててくれたまことさんと同じく、父親か母親のどちらかが日本人だったようです。

そして夫が怪我をした時にも、ハワイの病院までずっと付き添って下さいました。

ハワイの病院には、夫の母親もわが息子を心配して、日本から訪ねて行ったようでしたが、病状が少し落ち付いてからで、私がマジュロに帰った後だったし、私とは逢えませんでした。

そして病院での夫の病状に目処がついたので、彼はマジュロに帰されました。でも大火傷のあとですから、皮膚のあちこちが焼けただれ、ひきつれて、あの端正な顔立ちからは想像がつかないような面持ちでした。

ハワイを訪れて、そんな我が息子と面会した義母の心の中は、察するに余りありますが……。

とにかくマジュロで療養しながら、夫は私が仕事をしている間、生まれたばかりの息子の世話をしてくれていました。マジュロを発つその日まで。

一問一答

マーシャル諸島は、アメリカの核実験に利用された為、そこで被爆したり、今なお残留放射能が強いので島を離れる人が多いというのが現状です。

マジュロは、マーシャル諸島の首都ですから同じような状況下ですが、私はそういう観点からではなく、そこでの生活に視点を置いて、その当時のありのままを思い出せる範囲で書いてみたいと思います。

①食生活は？

やしの実にはビタミンCが含まれていて、島民はやしの実に穴を空けてそのジュースを飲んでいました。中にある果肉もおいしかったです。

ご飯をたく……お米は色んな国から輸入できました。

パンの実……次ページの私の二歳の娘が抱き抱えているものを五cm位に切って焼くと、香ばしくてパンのような食感がありました。

輸入の缶詰……ご飯の上に日本から輸入したシーチキンの缶詰をのせ、上からお醤油をかけたものは、とても御馳走でした。

私の二歳の娘とパンの実

②日本からマジュロまでの行き方は？

当時私達は日本からまずグアムへ行き、そこで一泊して翌日コンチネンタル航空機でトラック、ポナペを経由して、マジュロ行きの飛行機にのりました。

③マジュロでの交通手段は？

個人タクシーのようなタクシーが常時走っていて、そのタクシーに乗り合いのような形で乗ります。距離は関係なく、一律に一コイン（二十セント）払う。

私達家族には、日産の普通車が与えられていました。

スモールアイランドの人達は、トラックの荷台に乗って通勤していました。

私達が借りていた日本製の車

④気候は？
朝晩は少し温度が低かったと思いますが、一年中夏です。

⑤日照率はどれくらいか？
年間平均日照率は、約70％～80％程度です。これは、年間を通じて比較的晴天の日が多いことを示しています。ただし、具体的な日照率は季節や年によって変動することがあります。マーシャル諸島は熱帯気候に属し、湿度が高く、降雨が多い時期もありますが、それでも日照時間は比較的多い地域です。

⑥街並みや雰囲気はどうか？
道路は舗装されていない砂ぼこりの道。島民は出会えば「ヤコエ」と挨拶しあっていました。「ヤコエ」というのは、年中いつで

も使える便利な言葉です。

⑦名所は？

特にないです。強いて言えば「ローラ」という海岸くらいです。周りをエメラルドグリーンに囲まれて珊瑚礁からできたマジュロ島自体。

⑧人口はどれ位？

当時の人口は、一万三千人位でした。二〇一一年調べでは、約二万八千人位との事です。

⑨地理的には？

ミクロネシアの中に含まれます。

⑩服装は？
女性はムームーのような服。男性はアロハシャツにズボン。履物はゴム草履、又は裸足。女性も同じです。

⑪主要言語は？
公用語は英語。島民はマーシャル語。当時六十歳以上の人は日本語のできる人が多かったです。

⑫宗教は？
90％がプロテスタントです。

⑬チップ文化は？
ないですね。

やしの実を飲んでいる子供達

⑭最後に
マジュロの人は、名前を呼び捨てでしたので、私も敬称なしで書いております。でもグラス夫妻は、私の事を「文子さん」と呼んでくれていました。

おわり

本文中に一部不適切な表現がありますが、時代背景を鑑みて
そのまま使用させていただきました。

著者プロフィール
松野 文子（まつの ふみこ）
大阪市出身。
学校卒業後、三和銀行に勤務。

南洋マジュロ島に住んで

2024年12月15日　初版第1刷発行

著　者　松野 文子
発行者　瓜谷 綱延
発行所　株式会社文芸社
〒160-0022　東京都新宿区新宿1－10－1
電話　03-5369-3060（代表）
03-5369-2299（販売）

印　刷　株式会社文芸社
製本所　株式会社MOTOMURA

ISBN978-4-286-25856-0